„Muss ich nicht erstmal gründen!?!"

„Tante Trude sagt „Nein", Schatz!"

Einen Gründungsbaukasten gefällig?

„Muss ich nicht erstmal gründen!?!"

„Tante Trude sagt „Nein", Schatz!"

Einen Gründungsbaukasten gefällig?

Bibliografische Information der Deutschen Nationalbibliothek: Die Deutsche Nationalbibliothek verzeichnet diese Publikation in der Deutschen Nationalbibliografie; detaillierte bibliografische Daten sind im Internet über dnb.dnb.de abrufbar.

© 2023 Melanie Flacke

Herstellung und Verlag: BoD – Books on Demand, Norderstedt

ISBN: 978-3-7460-3694-6

„Muss ich nicht erstmal gründen!?!"

„Tante Trude sagt „Nein", Schatz!"

Einen Gründungsbaukasten gefällig?

Prolog

Ich habe nicht gezählt, wie oft ich, gerade in meinem letzten Buch „Vom Chaos-Chef zum Strukturunternehmer" erwähnt habe, dass dich eine Unmenge an Aufgaben erwartet.

Aber welche Aufgaben sind das denn jetzt genau?

In jedem Unternehmen gibt es absolut individuelle Aufgaben, welche ich, ohne bei dir zu arbeiten, nicht kennen kann. Somit kann ich sie hier auch nicht auflisten.

Doch da du nicht der Erste bist, der ein Unternehmen gründen will, kann ich dir dennoch einen Baukasten mit den Gründungsaufgaben zusammenstellen, die bei jeder Gründung anfallen.

Was hast du davon?
Ganz klar! Wenn du jede einzelne Aufgabe aus diesem Baukasten erledigt hast, sowie die für dich individuell anfallenden Aufgaben (z.B. einen Hersteller für dein Produkt finden, etc.), dann kannst du dir sicher sein, dass du nichts Wichtiges vergessen hast.

Also lass uns loslegen und die Gründung deines Unternehmens planen!

Let´s go!

Eine Sache noch, bevor es weiter geht:
Das Gendern geht mir auf die Nerven. Der Einfachheit halber werde ich die Anrede in diesem, und auch meinen nachfolgenden Büchern, maskulin halten.
Warum maskulin? Na, weil ich feminin bin und damit einen Ausgleich schaffe.
Ne, quatsch! Einfach weil es eine Gewohnheit ist, mit der ich im Einklang leben kann.
Dennoch sind auch alle anderen menschlichen Wesen mit dieser Anrede gemeint und werden nicht ausgegrenzt.
(Und auch jedes nicht menschliche Tier, welches lesen kann …
☺)

Gewerbeschein

Um ein Unternehmen zu gründen ist der unsinnigste erste Schritt, zur Stadt zu rennen und ein Gewerbe anzumelden.

Das Gewerbe meldest du erst dann an, wenn du deine ersten Verkäufe getätigt hast. Gesetzlich heißt es (frei formuliert): „Das Gewerbe muss angemeldet werden, sobald der Betrieb aufgenommen wird."
Das lässt den Spielraum, dass du auch nach deinem ersten Verkauf dein Gewerbe anmelden darfst. Lass dir jetzt hier aber nicht 1-2 Jahre Zeit, sondern erledige es am besten noch in der gleichen Woche.

Es gibt Ausnahmen, in denen man vorab schon einen Gewerbeschein benötigt. z.B. wenn man zur Gründung des Unternehmens Preise von anderen Unternehmen einholen muss.

Gehen wir davon aus, du willst einen Kiosk eröffnen und benötigst einen Businessplan, um die Finanzierung zu erhalten.
Dann brauchst du Preise für die Einrichtung, das Kassensystem, der Ware, etc.

Diese Preise geben deine zukünftigen Lieferanten jedoch nur heraus, wenn sie von dir einen Gewerbeschein sehen. In diesem Fall musst du dein Gewerbe also bereits anmelden, obwohl du noch gar nicht weißt, ob du die Finanzierung überhaupt erhalten wirst.

Paradox? … YES! … Aber leider läuft es so.

Planung

Bevor du irgendetwas beginnst, steht die genaue Planung im Vordergrund.

Ich gebe dir eine Planungsgrundlage vor, durch die du eine ganz klare Struktur erarbeitest und dich plötzlich an einem roten Faden entlang hangeln kannst, um vollkommen strukturiert dein Business aufzubauen. Die Grundzüge hierfür habe ich bei Boris Hennig gelernt.

Es gibt 3 Schritte, die du ausarbeiten solltest und die ich dir hier vorstelle. Sie dienen dazu, dass du:
- fokussiert an deinem Projekt arbeitest
- die Risiken minimierst
- und abschätzen kannst, ob sich dieses Projekt überhaupt lohnt

Wir beginnen mit:

1. <u>Deinem Produkt (nur planen und noch nichts erstellen)</u>

Wenn du meine anderen Bücher durchgearbeitet hast, dann hast du dich bereits positioniert und weißt ganz genau, was dein Produkt ist.

Aber, was machst du daraus? Als was willst du es verkaufen? Als Buch? Als Dienstleistung? Als Coaching? Als physisches Produkt? Im Abo?

Um diese Frage beantworten zu können, müssen wie ein Stück ins Marketing abtauchen.

Denn was wir brauchen, ist eine Produktpyramide.

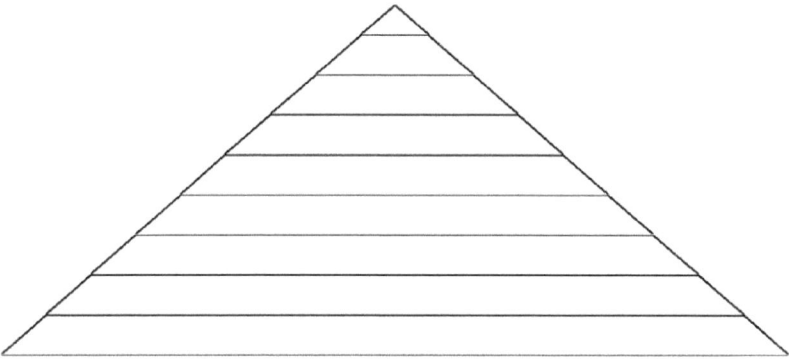

Was ist eine Produktpyramide? Und was bewirke ich damit?

Nun, erst einmal sollten wir die Frage klären: „Was ist ein Kunde?"
Ist ein Kunde jemand, der einmal bei dir etwas gekauft hat? Nein!
Das ist nur jemand, der zufällig mal bei dir gekauft hat.
Ein Kunde, also DEIN Kunde, ist jemand, der immer wieder bei dir kauft!

Das ist ganz wichtig zu verstehen!

Es ist unglaublich schwierig, immer und immer wieder Neukunden zu gewinnen.

Denn dazu musst du:
1. die Probleme deiner Kunden kennen und lösen können
2. auf dich aufmerksam machen
3. Vertrauen aufbauen
4. Sympathie aufbauen
5. von deiner Leistung überzeugen
6. die ersten Probleme des zukünftigen Käufers lösen
7. erstes Produkt verkaufen

Diesen Prozess müssen wir durchmachen. Immer und immer wieder, um neue Käufer zu generieren.

Aber! Wenn wir das einmal geschafft haben, dann können wir:
8. zweites Produkt verkaufen
9. drittes Produkt verkaufen
10. viertes Produkt verkaufen
11. fünftes Produkt verkaufen
12. ...

Und DANN haben wir einen Kunden! Ein Kunde, ist nicht einfach nur jemand, der bei dir kauft. Ein Kunde ist im Grunde genommen dein FAN von dir!
Er FREUT sich auf weitere Angebote und Neuigkeiten von dir! Er kann deinen nächsten Newsletter gar nicht abwarten!
Er weiß, dass du ihn jedes Mal ein Stück weiterbringen kannst. Dass du ihn und seine Probleme verstehst. Du machst ihn glücklich!
Und er kann es kaum erwarten, mit welchem neuen Angebot du ihn heute wieder überrascht.

Achtung! Denk daran, dass dein Kunde sich durch dich auch immer weiterentwickelt. Seine Probleme, die er mit deiner Hilfe lösen will, werden immer komplexer. Also bleib auch du nicht stehen und entwickle dich auf deinem Gebiet immer weiter.

Und hier kommt deine Produktpyramide ins Spiel.

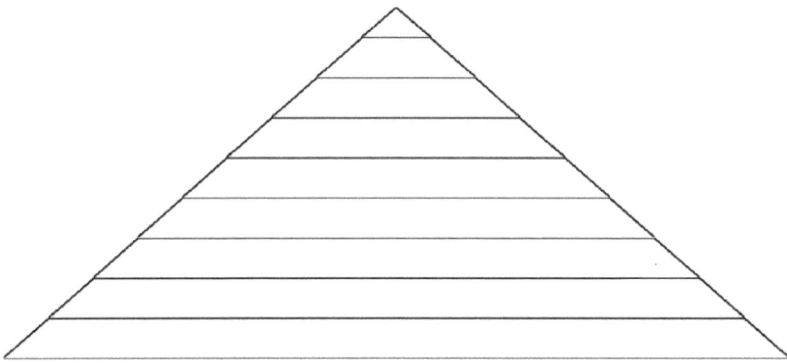

Wie bei allem, was man aufbaut, benötigt man ein stabiles Fundament. Und was wollen wir hier aufbauen?
Eine mit Vertrauen und Kompetenz strotzende Beziehung zwischen dir und deinem zukünftigen Kunden.

Wie können wir das am besten machen?
Indem wir zeigen, was wir können.

Zeig deinem zukünftigen Kunden GRATIS, was du kannst!
Du benötigst in der untersten Ebene der Pyramide also ein Gratisprodukt!
Etwas, mit dem du sowohl deine Kompetenz zeigst, als auch die ersten Probleme deines Kunden löst.

Ein Beispiel aus der Coaching-Szene:

Es gibt viele Coaches, die z.B. eines ihrer Bücher „verschenken" um somit ihr Buch als Gratisprodukt zu nutzen.

Das funktioniert jedoch nur unter 2 Bedingungen:
1. Dieses Buch bringt mir wirklich Content und löst meine Probleme! (Ich habe auch schon Bücher erhalten, die nur ein einziger Werbetext, ohne wirklichen Inhalt waren)
2. Du bist bereits als Name, Marke, Problemlöser bekannt!

Das bedeutet, die Coaches, die dir die Bücher verschenken und bei denen dieses Marketing funktioniert, sind bereits fest im Markt etabliert.
Für einen Anfänger wäre dies nicht geeignet, weil dir einfach niemand deine Kompetenz zutraut. Kein Vertrauen, kein Verkauf! Du würdest nur Geld und Zeit verbrennen!

Content

Neben dem fehlenden Vertrauen stört auch das Mindset deines zukünftigen Kunden und verhindert, dass dein Gratis-Buch einschlägt:
Was nichts kostet, das ist auch nichts!
Gerade im heutigen Informationszeitalter ist es wahnsinnig wichtig, sich erst einmal einen Namen zu machen!
Und das geht vor allem durch:
- Content!
- Content!
- Content!

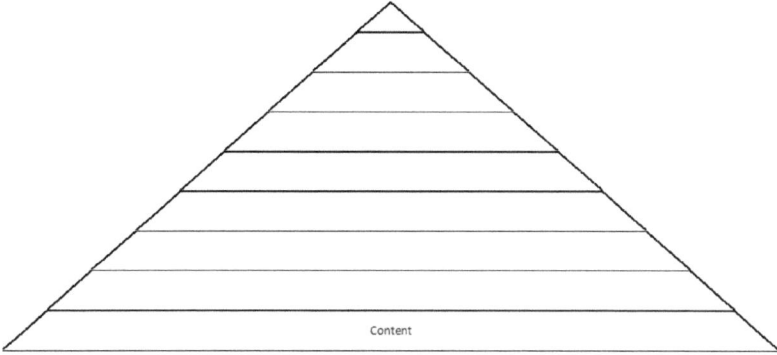

Content

Du hast deine Zielgruppe eruiert? Du weißt, wo und wie du sie erreichen kannst?

Dann ist es jetzt an der Zeit, TÄGLICH, ein bis zwei kurze, aber intensive Videos rauszuhauen.

Was für Videos? Je nach Zielgruppe ist dies unterschiedlich. Hier ein paar Beispiele:

- Motivationsvideos (z.B. für Nichtraucher-Lehrgänge)
- DIY-Videos (z.B. für Heimwerker)
- Präsentationsvideos (z.B. für Hochzeitsschmuck)
- etc.

Du hast dein Produkt? Dann mach auf deine Kompetenz aufmerksam!

- Dieser Schmuck wird nur mit den kostbarsten Materialien und Steinen hergestellt und bringt jede Braut zum Strahlen.

- Durch diesen Trick ist es plötzlich ganz leicht den Nagel einzuschlagen. Nie mehr krumme Nägel! Du wirst zum Heimwerker-King!
- Endlich wieder küssen, ohne, dass der Partner davon spricht, einen Aschenbecher geküsst zu haben! In nur wenigen Schritten zum Nichtraucher!

Ob physisches Produkt, Dienstleistung oder Coaching. Du musst das Vertrauen deiner Kunden gewinnen und dir einen Namen machen! Deine Kunden müssen deine Fans werden! Erst dann wirken auch deine Marketing-Strategien!

Dein Gratisprodukt / Tripwire

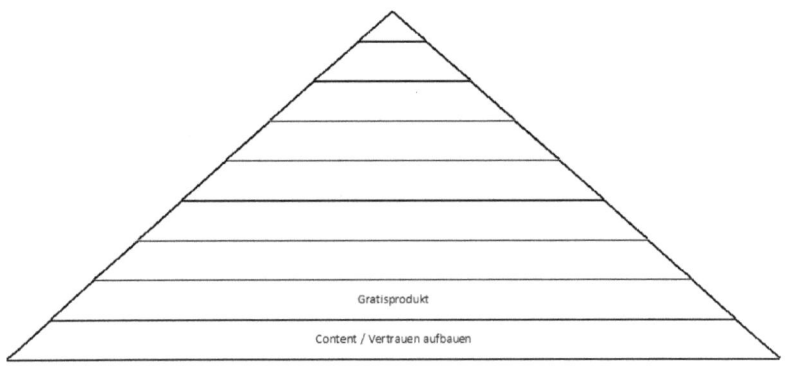

Wozu brauche ich jetzt noch ein Gratisprodukt?

Gehen wir davon aus, dass du bereits eine ganze Weile deinen Content veröffentlicht hast. Die Leute sind neugierig geworden, vertrauen dir und deiner Kompetenz.

Du hast auch Hater angezogen. Auf das Thema kommen wir noch. Aber vorab: Sobald du Hater hast, bist du dir sicher, dass du auf dem richtigen Weg bist!

Du darfst auf sie NIEMALS reagieren. Nur die Kommentare löschen und dann die Personen blockieren.

Aber du darfst dich freuen, dass du einen großen Schritt vorangekommen bist.

Oscar Karem sagte mal: Erst wirst du belacht, dann wirst du beschossen und dann wirst du beneidet.

Da nehme ich den Beschuss doch gerne an. 😊

Aber weiter im Kontext. Also die Leute kennen dich langsam. Du giltst als Experte. Dann gib den Leuten jetzt eine unwiderstehliche Möglichkeit, mit dir in Kontakt zu treten.

Jetzt ist es soweit und es ist Zeit für deinen „Tripwire".

Tripwire ist englisch und bedeutet „Stolperdraht". Du lässt die von dir geschaffenen Interessenten jetzt in deine Produktpyramide stolpern, indem du ihnen dein Gratisprodukt anbietest.

Was könnte das Gratisprodukt sein?

- Wenn du z.B. Coachings verkaufen willst, könnte es ein Webinar oder ein Test sein.
- Wenn du ein Nagelstudio hast, dann kann es die erste Modellage sein.
- Wenn du ein Fitnessstudio hast, könnte es das erste Coaching inklusive Personal Trainer sein.

- Wenn du einen Hundesalon hast, könnte es ein Kennenlernen zwischen dir und dem Hund, inklusive dem ersten Kontakt mit Schere und Föhn etc. sein, um dem Hund die Angst zu nehmen.
- etc.

Wichtig für dich:
Das Gratisprodukt ist NIEMALS wirklich gratis! Denn du gibst es immer nur im Austausch für Informationen heraus!

Du willst mindestens den Vornamen und die E-Mailadresse haben!
Am besten aber auch noch eine Telefonnummer.
Der Nachname ist nicht wichtig. Den bekommst du spätestens, wenn der Kunde dein ersten Produkt kauft.

Natürlich musst du darauf achten, dass dich der Tripwire wenig, bis gar nichts kostet.
Erklärvideos z.B. sind einmal gemacht und tausendmal gesehen.
Die Nagel-Modellage kostet zwar ein bisschen, aber hier ist es beinahe eine Garantie, dass der Kunde auch wiederkommt. Denn die Nägel müssen regelmäßig erneuert werden.
Im Fitnessstudio entstehen auch keine weiteren Kosten. Die Geräte sind vorhanden, der Trainer ist eh anwesend, also lass die Interessenten kommen.

Achte aber bitte darauf, dass du nicht den Fehler machst, den ich so oft gesehen habe.
z.B. ein Coach, der in seinem Webinar SEINE 3 MAGISCHEN VERKAUFSGEHEIMNISSE verraten will.

In dem (damals 4 Stunden langen) Webinar, hat er viel über sich, seine Ausbildung und seine Erfolge erzählt. Und als er dann endlich zu den 3 MAGISCHEN VERKAUFSGEHEIMNISSEN kam, hat er diese betitelt und gesagt, in welchem seiner Kurse ich diese erlernen kann. Er hat mir überhaupt keinen Mehrwert geboten!

Nun meine Frage an dich: meinst du, dass das mein Vertrauen zu ihm aufgebaut hat?
Nein! Natürlich nicht! Ich war verärgert! 4 Stunden verplempert! Nix bei rumgekommen! Ich habe mich, auf gut deutsch, verarscht gefühlt!

Und dabei hatte er gute Vorarbeit geleistet. Es waren ziemlich viele Interessenten in seinem Webinar.
Doch ich bezweifle stark, dass auch nur ein einziger gekauft hat.

Also auch dein Gratisprodukt, soll, so wie dein Content, unbedingt Mehrwert bieten! Die Interessenten vertrauen dir! Du darfst sie auf gar keinen Fall enttäuschen!

Dein Einstiegsprodukt

Jetzt ist es endlich an der Zeit die ersten kostenpflichtigen Produkte in deine Produktpyramide aufzunehmen.

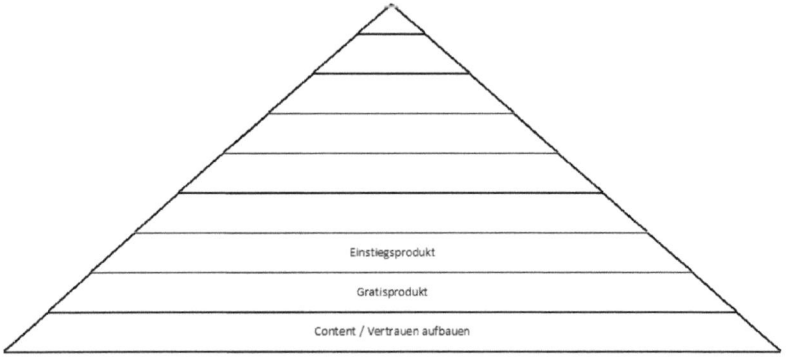

Die Leute sind jetzt davon überzeugt, dass du ihnen bei ihren Problemen helfen kannst und dass du der richtige bist, um sie von Situation A zu Situation B hinzuführen! Also biete ihnen jetzt auch die Gelegenheit dafür an.

Die Aufgabe deines Einstiegsproduktes ist es, dass deine Interessenten ein vergleichsweise günstiges Produkt mit einem ungeheuren Mehrwert von dir erhalten können. Sie kaufen dein erstes Produkt und machen somit den ersten Schritt hin, um dein Kunde zu werden.

Als Einstiegsprodukt eignen sich vor allem:
- physische Workshops für z.B.
  o Hand- und Nagelpflege bei Gelnägeln (damit ihre Hände täglich zum Staunen verführen)
  o Terrassenbau leicht gemacht (Sie werden nicht nur als Grillmeister vergöttert)
- Live-Seminare (für mindestens 300 Personen)
  o du begeisterst hier vor allem mit deiner Person
  o du vertiefst das Vertrauen deiner Fans

- o du kannst vor allem emotionalisieren (z.B. mit deiner Geschichte) → kommen wir in einem anderen Buch über Marketing drauf zurück
- Online-Schnupperkurse
  - o ein geballtes Mini-Coaching, das es in sich hat
- Power-Bücher
  - o Mindestens 50,- € je Buch, um den Wert des Inhaltes deutlich zu machen (der Inhalt muss dann natürlich auch wertvoll sein)
- Lesung zum Power-Buch mit anschließendem Workshop zur Ausarbeitung

Als Einstiegsprodukt muss der Preis so gewählt werden, dass er zwar den Wert widerspiegelt, jedoch in einem Rahmen bleibt, der keinen Schmerz auslöst.

Bedenke immer, dass es für die Leute kein Problem ist, sich ständig neue Apple-Geräte für mehrere Hundert Euro zu leisten.
Wenn es den Leuten also wert ist, können sie den Preis auch aufrufen.

Das Einstiegsprodukt sollte im unteren Hunderterbereich liegen (also 100,00 € - 500,00 €) und maximal einen halben Tag deiner Zeit in Anspruch nehmen. (Preis wird sich durch Inflation etc. selbstverständlich nach oben korrigieren. Dies ist meine Empfehlung von 2023.)

Spätestens, nachdem du deinem Kunden mit dem Einstiegsprodukt gezeigt hast, dass du genau der richtige Ansprechpartner bist, hast du dir wahre Fans geschaffen!

Abo-System

Es heißt nun am Ball bleiben und weiterhin die dringendsten Probleme deiner Kunden aufgreifen und lösen.
Und diese Lösung bietest du, wenn möglich so an, dass du sie einmal produzierst und tausendfach verkaufst.

Dies gelingt z.B. mit:
- Einem Online-Video-Coaching.
- Bauanleitungen in PDF-Form
- Bücher
- etc.

Bei physischen Produkten kannst du das natürlich nicht. Hier gilt es dann, kostengünstig mit hoher Qualität zu produzieren.

Egal wie dein Produkt jetzt aussieht, dein Ziel ist nun ein Abo-System zu integrieren.

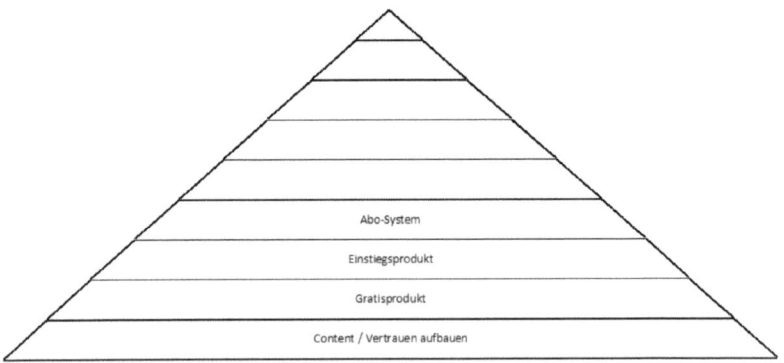

Nehmen wir als Beispiel ein Video-Coaching von 6.000,- €, welches 6 Monate läuft.

Als Abo-System sieht dies also so aus, dass du jeden Monat 1.000,00 € von deinem Kunden überwiesen bekommst und du jeden Monat eine neue Lektion für deinen Kunden frei schaltest.

Der Vorteil eines solchen Abo-Systems ist es, dass du in gewisser Weise ein geregeltes Einkommen aufbaust. Besonders, wenn du täglich neue Kunden generierst.
Der Nachteil: was, wenn der Kunde nach der dritten Rate nicht mehr zahlt? Dann musst du hinter deinem Geld herrennen.

Sollte ein Kunde daher darauf bestehen den Betrag direkt am Anfang vollständig zu bezahlen, dann freu dich einfach, nimm es an und schalte ihm den gesamten Kurs frei.

Bedenke bitte immer: Solltest du in so einem Kurs auch Zoom-Konferenzen anbieten, dann halte deine Zeit dafür von Anfang an möglichst gering.
Denn wenn, alle deine Kunden sofort zahlen, dann hast du in einem Monat einen richtig guten Umsatz. Aber noch ein halbes Jahr Arbeit vor dir, welche im Voraus bezahlt worden ist. Außerdem benötigst du deine Zeit vor allem zur Neukunden-Akquise.
Daher rate ich dazu, dass die Zoom-Meetings nur einmal in der Woche stattfinden, und zwar als Gruppenmeeting.

Denk aber auch immer daran, dass deine Produkte rechtzeitig lieferbar sind. Wenn du z.B. ein Abo für eine Buchreihe abschließt, dann müssen die Bücher auch rechtzeitig geschrieben und gedruckt sein.

Weitere Beispiele für Abo-Systeme sind:
- Abo für die neue Nagelmodellage alle zwei Wochen.
- Abo im Fitnessstudio
- Abo für Holzlieferungen an Schreinerwerkstätten
- Abo für einen Video Heimwerkerkurs von „A" wie „Anleitung lesen können" bis „Z" für „Zebra-Melkstation" bauen
  - o dazu dann gerne immer die passende Material-Lieferung verkaufen
- Lebensmittel-Lieferung (wie z.B. Hello Fresh)
- Abo für regelmäßige Wartungen
- Abo für Zeitschriften
- Abo für Geburtstagsgeschenke
- etc.

Live-Seminare

Nun ist es an der Zeit, deinen treuen Kunden auch mal was großes anzubieten.

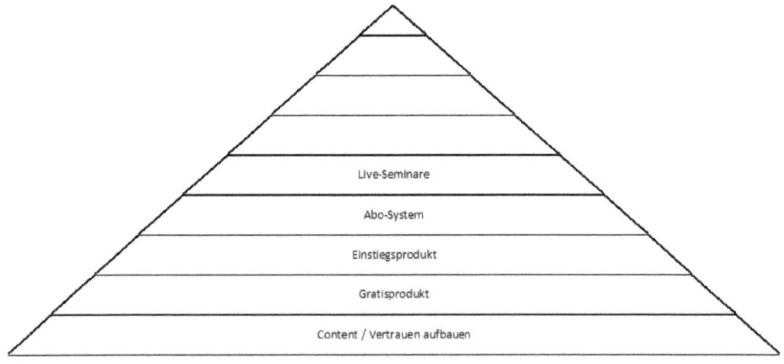

Spätestens seit den Lockdowns und dem Virenwahnsinn sind viele vom Live-Seminar zum Online-Seminar umgeschwungen.

Ich finde dies wahnsinnig schade. Denn als Gast auf einem mehrtägigen Live-Seminar hat man unglaublich viele Vorteile:

- Du lässt dich ein komplettes Wochenende darauf ein dich weiterzubilden und arbeitest auch abends im Hotelzimmer noch daran, wie du deine Weiterbildung für dich umsetzen kannst. Fokus!
- Du kannst wertvolle Kontakte mit gleichgesinnten knüpfen, Ideen und Leidenschaften austauschen, sowie neue Impulse bekommen.
- Du spürst die Energie vor Ort. Es ist eine ganz andere Atmosphäre auf diesen Seminaren, als wenn du zu Hause defensiv am Computer sitzt, evtl. noch die Kinder stören oder du unerwarteten Besuch bekommst und dann nicht weiter am Seminar teilnimmst.
- Man kann es auch als Fortbildung für die gesamte Belegschaft gestalten und die Fortbildung dann gemeinsam ab Montag früh im Büro auf das Unternehmen ummünzen.
  - o Solche geschäftlichen Fortbildungen sind im Übrigen von der Steuer absetzbar.
- Du kannst dich und andere Experten auf der Bühne wieder präsentieren und erfüllst damit das Bedürfnis deiner Fans, dich auch live zu sehen.
- Beim VIP-Ticket kannst du auch ein meet-and-greet anbieten.

Daher würde ich, trotz höherer Kosten und Aufwand, für meine Kundschaft immer ein Live-Seminar anbieten, anstelle von einem Online-Seminar.

Die Aufzeichnung vom Live-Seminar kann man dann aber auch an die verkaufen, die keine Lust oder Zeit hatten, das Live-Seminar zu besuchen.

Muss ich nochmal erwähnen, dass auf diesem Live-Seminar natürlich wieder wertvoller Inhalt präsentiert wird? Ich glaube nicht, oder?

Gruppen-Coaching bis 1:1

Das Live-Seminar ist dann noch steigerbar als z.B.
- Gruppencoaching (maximal 50 Personen)
- Personal Coaching (maximal 10 – 15 Personen)
- 1:1 Coaching (du und dein Kunde)

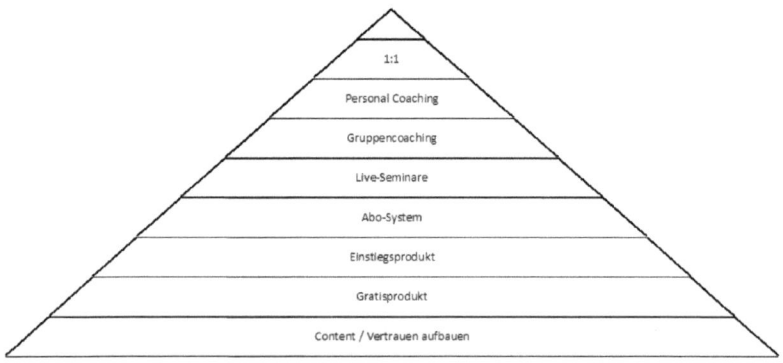

Mit jeder Stufe höher in der Pyramide, steigt natürlich auch der Preis.
Ein 1:1 Coaching sollte mindestens im 5stelligen Bereich liegen.

Denn: Was nichts kostet, das ist auch nichts.

Natürlich ist diese Produktpyramide noch ausbaufähig. Sie ist nur ein Beispiel.
Wenn dir noch mehr Zwischenschritte einfallen, die dir jedoch nicht mehr Arbeit machen, dann nutze sie gerne.

Bis zum Einstiegsprodukt jedoch, solltest du dich dringend genau an diese Reihenfolge halten! Denn das ist der Weg von einem Suchenden, über den Interessenten, zum Kunden, bis hin zum Fan.

Gib immer alles, um die Probleme deiner Kunden in deiner Positionierung zu ihrer vollsten Zufriedenheit zu lösen. Und lass deine Leistung auch anerkennend bezahlen.

CtA

Auch, wenn ich jetzt im Marketing schon einen Schritt vorgreife, fehlt bei der gesamten Produktpyramide ein entscheidender Schritt.

Jede Ebene MUSS auf die nächsthöhere Ebene verweisen!

Das bedeutet, wenn sich deine Interessenten im Content tummeln, muss jedes Video (oder was auch immer du als Content nutzt) auf dein Gratisprodukt hinweisen.

Und alle, die dein Gratisprodukt erhalten, müssen auf dein Einstiegsprodukt hingewiesen werden. etc.

Das bedeutet im Detail, dass du auf jeder Ebene den CtA (call to action) mit einbaust. Du sagst am Ende eines jeden Content, jeder Präsentation, jeden Seminars, etc. deinem Kunden, was er jetzt als nächstes tun soll. Denn von allein wird er gar nichts tun.

2. „Tasklist"

Nachdem wir jetzt unsere Produktpyramide geplant haben, müssen wir unsere Tasklist erstellen.

In meinem dritten Buch „Vom Chaos-Chef zum Struktur-Unternehmer", habe ich die Tasklist bereits angesprochen. Hier gilt es nun, diese für die Vorplanung deines Unternehmens zu erstellen.

Wichtig ist, dass du jetzt noch GAR NICHTS bearbeitest oder abarbeitest. Du listest wirklich nur auf, was du alles brauchst. Denn wir befinden uns in der Planung und würden uns nur verzetteln.

Damit es dir leichter fällt alle relevanten Dinge aufzulisten, gebe ich dir hier eine Hilfestellung.

Die folgenden Punkte musst du auf dich und dein Produkt umschreiben und die Liste ist unter Garantie nicht vollständig.
Doch jedes Mal, wenn dir noch ein Punkt einfällt, dann schreibst du ihn dazu und vervollständigst so deine Liste.

Nimm dir Zeit dafür. Du kannst nicht alles innerhalb weniger Stunden zusammentragen. Es dauert ein paar Tage, bis deine Liste vollständig ist. Und auch dann ist sie immer noch erweiterbar.

- Produkte
  - Positionierung
  - Produktpyramide
    - Videokurse
    - Workshops
    - Content
    - Workbooks
    - 1:1 Coaching
    - Live-Seminare / Kongresse
    - Bücher
    - Tests
    - Membership-Bereich mit Betreuung
  - Support / Kundenservice
- Zielgruppenanalyse
  - Siehe Buch: „Mein Lieblingsmensch" von Melanie Flacke
- Persönliche Kompetenz
  - KnowHow
  - Ausbildung
  - Zertifikat
  - Menschliche Kompetenz (Empathie)
- Marketing
  - Marketingziele
  - Marketingplan
    - Was
    - Wann

- Wo
- Womit
- Wie
- An wen
- Ziel
  - Öffentlichkeitsarbeit (PR)
  - Branding Corporate Identity
  - Branding Corporate Design
  - Branding Corporate Communication
  - Website
  - Landingpage
  - Social Media Auftritt
  - E-Mail-Marketing
  - Kooperationspartner
- Vertrieb
  - Telefon-Leitfäden
  - Customer-Journey
  - Verkaufsschulungen
- Technisches Equipment
  - Für meine Angebote
  - Für das Büro
  - Für Marketing
  - Film & Audio-Equipment
  - PC, Laptop, Handy
  - Software
  - E-Mailadresse
  - Virtueller Speicher- und Vertriebsplatz
- Backoffice (rechtliches)
  - Systeme von Anfang an aufbauen
  - Buchhaltung

- o Steuerberatung
- o Rechtsanwälte
- o Verträge
- o Versicherungen
- o Genehmigungen
- o Gewerbeanmeldung
- o Steuernummer beantragen
- o Steuervorauszahlungen einkalkulieren
- o Auflagen erfüllen
- o Briefkopf
- o Briefvordrucke / -vorlagen
- o Visitenkarten
- o CRM
- o IT
- o Geschäftskonto
- o AGB
- o Impressum
- o Steuerstrategie
- o Personen- oder Kapitalgesellschaft
- o Notar
- o Patent anmelden
- o Zahlungsanbieter
- o Idee schützen lassen
- Finanzierung
  - o Private Kostenaufstellung
  - o Geschäftliche Kostenaufstellung
  - o Einkommensprognosen
  - o Eigenkapital
  - o Kredite
  - o Förderungen

- o Sponsoren
- o Investoren
- o Businessplan
- o Gewinn und Verlustrechnung
- o Break-even-Point
- o KLR
- Human Resources
  - o Verkäufer
  - o IT-ler
  - o Social Media Experte
  - o Marketer
  - o Eigenes Personal oder Freelancer
- Standorte
  - o Für Events
  - o Für das Büro
  - o Für das Ladenlokal
  - o Lieferwege

Aus dieser Liste bauen wir uns nun die benötigte Tasklist. Also was musst du tun, um die benötigten Dinge, Ressourcen, Angestellten, Lieferanten, KnowHow, etc. zu bekommen.
Dazu kannst du dich am besten einer Tabelle bedienen:

Kategorie	Was	Wer	Tool
Marketing	Website	Frank	???
Pers. Komp.	Ausbildung	Ich	VHS-Kurs
Techn. Equ.	Auto	Ich	Autoscout
Backoffice	Steuerberater	Ich	Gelbe Seiten

Nach dem „was" und „wie" kommt jetzt die Reihenfolge:

Tasklist strukturieren

Jetzt weißt du, was alles wie und von wem erledigt werden muss.
Nun fehlt noch die richtige Reihenfolge.
Hierzu nutzt du, wie in meinem dritten Buch beschrieben, am besten das Eisenhower-Quadrat.

Um die Aufgaben in die richtige Reihenfolge bringen zu können, musst du dich gedanklich durch deine Unternehmensgründung bewegen, um erkennen zu können, wann was wichtig ist. Der erste gedankliche Zeitpunkt, an dem du mit der Bearbeitung deiner Tasklist beginnst, ist, wenn du dich entschlossen hast, dein Business zu starten.
Was ist an genau diesem Zeitpunkt am dringendsten und wichtigsten? Ein Beispiel:

Kategorie	Was	Wer	Tool	Eisenh.
Marketing	Website	Frank	???	C
Pers. Komp.	Ausbildung	Ich	VHS-Kurs	A
Techn. Equ.	Auto	Ich	Autoscout	B
Backoffice	Steuerberater	Ich	Gelbe Seiten	B

So kannst du sehen, dass z.B. die Weiterbildung an erster Stelle steht und schreibst diese in deinen Ablaufplan ganz oben hin.

Kategorie	Was	Wer	Tool	Eisenh.
Pers. Komp.	Ausbildung	Ich	VHS-Kurs	A
Techn. Equ.	Auto	Ich	Autoscout	B
Backoffice	Steuerberater	Ich	Gelbe Seiten	B
Marketing	Website	Frank	???	C

Nun musst du in deiner gedanklichen Unternehmerreise weiterge-
hen. Stell dir vor, dass jetzt alle A-Aufgaben erledigt sind und be-
werte die restlichen B-D-Aufgaben neu. ... Naja ... B-C-Aufga-
ben. Denn die D-Aufgaben eliminierst du bitte direkt, nachdem du
sie als solche identifiziert hast.

Also was sind jetzt deine neuen A-Aufgaben? Vielleicht das
Auto? Oder ist der Steuerberater wichtiger und dringender?

Nachdem du so durch deine gedankliche Unternehmensgründung
durchgegangen bist, könnte unsere kurze Liste wie folgt aussehen:

Kategorie	Was	Wer	Tool
Pers. Komp.	Ausbildung	Ich	VHS-Kurs
Marketing	Website	Frank	???
Backoffice	Steuerberater	Ich	Gelbe Seiten
Techn. Equ.	Auto	Ich	Autoscout

Überlege aber genau, ob eine Aufgabe wirklich so wichtig und
dringend ist. Auch, wenn ich mich jetzt mit meinem dritten Buch
wiederhole:
Ja, der Marketingplan ist wichtig! ... Nachdem man seine Zielgruppe genau kennt. Sonst macht man sich nur doppelte Arbeit.

Und die Corporate Identity? Wie wichtig ist diese?
... nicht so wichtig. Ja, über die Grundzüge solltest du dir Gedanken machen. Aber das Logo ist das Uninteressanteste für deinen
Kunden überhaupt!

Für DICH ist das Logo vielleicht wichtig. Ich meine, ich war richtig stolz, als ich damals mein erstes Logo entwickelt habe. Es präsentierte mich und mein Geschäft!
Aber deine Kundschaft interessiert es kein Stück!

Um deine Website und Landingpage aufzubauen, oder auch um dein Ladenlokal auszustatten, solltest du dir schon Gedanken um die Farbauswahl und deren Wirkung machen.
Auch der Name sollte leicht und gut zu merken sein. Zungenbrecher braucht hier kein Mensch.
Aber das Logo? … Das kannst du auch noch in einem Jahr hinzufügen.

Alles das, was für deinen Kunden wichtig ist, was für die Behörden wichtig ist und was für dein Einkommen / deine Verkäufe wichtig ist, DARAUF musst du dich konzentrieren.

Auch hier kannst du gerne noch einmal in meinem dritten Buch nachsehen.

Ein Punkt noch, den ich kurz mit einwerfe:
Es ist ganz besonders wichtig, dass du, wenn du Aufgaben delegiert hast, immer einer einzigen Person die Verantwortung für dieses Projekt überträgst.
Auch wenn du z.B. eine Gruppe mit einer Aufgabe beauftragt hast.
Es darf wirklich NUR EINE Person verantwortlich dafür sein!

Denn wenn mehrere Personen die Verantwortung hätten, dann ist es wahrscheinlich, dass der Eine die Verantwortung auf den Anderen abwälzt und umgekehrt.

„Frank macht das schon." „Was? Ich sollte das machen? Ich dachte du hast das gemacht." ...

Dieser dumme kleine Fehler kann nicht nur das gesamte Projekt verzögern, sondern auch ein riesiges Loch in dein Budget reißen. Also gib dem Ganzen von vornherein keine Chance.

Jetzt fehlt deiner Tasklist nur noch eins. Und zwar die:

Zeitliche Abfolge

Deine Tasklist ist jetzt richtig sortiert! YES!!!

Du weißt also ganz genau, was du brauchst, was du dafür tun musst, wer es tun soll und in welcher Reihenfolge es getan werden muss.

Und wann beginnst du damit? Wie lange brauchst du dafür? Wann bist du damit fertig? Wann beginnt der nächste Schritt?

Ein paar Dinge kann man auch parallel laufen lassen, wenn man Aufgaben delegiert hat. Aber ALLE Aufgaben brauchen eine Deadline! Besonders, wenn man die Aufgaben delegiert hat.

Denk daran: Hat es keinen Termin, findet es nicht statt!

Wenn du dir vornimmst ein Buch zu schreiben, hast du evtl. in der ersten Woche gleich 3 Kapitel fertig. Dann kann es aber sein, dass du die Weiterarbeit immer wieder aufschiebst.
Und dann kann es sein, dass du dich evtl. in 10 Jahren daran erinnerst, dass du da ja noch ein Buch zu Ende schreiben wolltest.

Mit einer Deadline kannst du aber viel besser arbeiten.

Du gibst dir 3 Monate Zeit für das Buch? Es sollen 10 Kapitel sein?

Dann schreibe jede Woche ein Kapitel. Dazu setzt du dich täglich z.B. 5 Stunden hin, teilst dir die Zeit ganz genau in Recherche- und in Schreibzeit ein und arbeitest intensiv daran.

In Woche 11 liest du dann Korrektur. In Woche 12 liest jemand anderes Korrektur und am Ende des dritten Monats gibst du das Buch in den Druck.

Du brauchst den Zeitplan um am Ball zu bleiben. Außerdem ist es ein wunderbares Mittel zur Motivation, wenn du immer einen Punkt nach dem Anderen als „erledigt" abhaken kannst.

Was	Wer	Beginn	Dauer	Ende	
Ausb.	Ich	23.06.23	6 Monate	23.12.23	☑
Website	Frank	12.07.23	1,5 Monate	30.09.23	☑
Steuerb.	Ich	30.07.23	2 Wochen	14.08.23	☑
Auto	Ich	01.01.24	1 Monate	01.02.24	

3. Kalkulationen

Ja, richtig. Kalkulation**en**! Mehrzahl!

Leider ist es nicht nur damit getan den Umsatz zu berechnen.
Die Kalkulationen machen einen verdammt komplizierten und riesigen Teil deiner Planung aus.

Nicht nur, für eventuelle Geldgeber. Sondern ganz besonders auch für dich!
Damit DU überhaupt erkennen kannst, ob sich das Projekt für dich lohnt, oder ob du dich damit ruinierst.

Diese ganze Rechnerei ist für so manch einen wahrscheinlich viel zu komplex.

Meine Kursteilnehmer erhalten daher extra eine vorgefertigte Exceltabelle, die so gut wie alles selbstständig berechnet. Es müssen nur noch die Ausgangsdaten, wie z.B. die Kosten oder die prozentualen Aufschläge, eingegeben werden und der Kursteilnehmer erhält alles, was in diesem Buch berechnet wurde, auf dem Silbertablett präsentiert.

Also lass mal sehen, was so alles benötigt wird.

Kosten

Genau wie bei unserer Tasklist gilt es hier, erst einmal sämtliche Kosten aufzulisten, welche anfallen werden.

Aber nicht nur die Geschäftskosten. Du wirst von deinem Geschäft leben und hast keine weiteren Einnahmen, um dein privates Leben bezahlen zu können.

Darum ist es für dich besonders wichtig ganz genau zu wissen, welche Privatkosten du hast.

Für deine Privatkosten des gesamten Jahres kann dir folgende Tabelle helfen (inkl. Beispiele):

Kosten	Gläubiger	Anzahl	Betrag	Faktor	Summe	Rhythmus
Miete kalt	Herr B.	12	800,- €	1	9.600,- €	fix
Haftpflicht	ARAG	2	50,- €	1	100,- €	fix
Laptop	Medimax	1	1.500,- €	1	1.500,- €	einmal
Kredit	Voba	12	200,- €	2	4.800,- €	fix
Netflix	Netflix	12	7,99 €	1	95,88 €	fix

Die Tabelle erklärt sich wie folgt:
- Sie bezieht sich auf ein gesamtes Jahr
- **Kosten** = du benennst die Kosten (z.B. Strom, Lebensmittel, Kleidung, Urlaub, etc.)
- **Gläuber** = wer bekommt das Geld von dir?
- **Anzahl** = wie oft musst du den Betrag im Jahr zahlen?
- **Betrag** = was musst du jedes Mal bezahlen?

- **Faktor** = wie viele Einheiten musst du bezahlen? z.B. müssen in unserem Beispiel zwei Kredite mit der gleichen Ablösesumme bedient werden
- **Rhythmus** = sind es:
  - o fixe Kosten = immer wieder kehrend
  - o variable Kosten = unterschiedliche Höhe und Zeitraum
  - o einmalige Kosten = geplante Anschaffungen

Geh am besten deine gesamten Kontoauszüge vom vergangenen Jahr durch und schreibe alles raus.

Wenn du nicht mehr weißt, wofür du dein Bargeld ausgegeben hast, kannst du es als Lebenshaltungskosten eintragen.

Es macht aber Sinn dies irgendwann auch genau aufzulisten, um Sparpotenziale zu entdecken.

Dies besprechen wir jedoch in einem anderen Buch genauer.

Geschäftskosten

Hier können wir fast die gleiche Tabelle anwenden. Nur dass wir die einzelnen Kosten noch auf die Verursacher aufteilen.

Kostenart	Kostenstelle	Kosten
Produktion	Joghurtmaschine	Milch
Personal	Büro	Azubi Hans Muster

Kostenart	Kostenstelle	Kosten	Lieferant	Anzahl	Betrag	Faktor	Summe	Rythmus

Nimm dir bei der Kostenauflistung auch wieder Zeit. Am besten gehst du deine Tasklist Punkt für Punkt durch und überlegst, welche Kosten hier auf dich zukommen werden.

Wenn du die Preise nicht genau kennst, kannst du entweder Angebote von deinen Lieferanten einholen, oder aber du googelst. Manchmal muss man kreativ werden, wenn man selbst keine Möglichkeit hat an die Kosten heranzukommen.
Wieviel Strom benötigt z.B. eine Joghurtfabrik im Jahr? Welches Marketingbudget ist realistisch?

In diesem Fall suchst du dir am besten einen Konkurrenten heraus, welcher als Kapitalgesellschaft geführt wird.
Kapitalgesellschaften müssen ihre Bilanzen veröffentlichen. Dann suchst du nach der Bilanz und kannst dir die Kosten grob rausziehen.

Beispielkosten

Auch hier biete ich dir einen Leitfaden für die eventuell anfallenden Kosten. Wahrscheinlich sind nicht alle Kosten dabei, die bei dir anfallen können. Und es werden bestimmt auch einige von dieser Liste bei dir gar nicht anfallen.

- Personalkosten
  o Gehälter und Löhne
  o Lohnnebenkosten
  o Geschäftsführergehälter
  o Provisionen
  o Freelancer oder Dienstleister

- Betriebskosten
  - Versicherungen
  - Benzin und KfZ-Verschleißteile
  - Miete oder Pacht
  - Mietnebenkosten
  - Energie und Wasser
  - Reinigung und sonstige Raumkosten
  - KfZ- und Lkw-Leasing
  - Reparatur, Wartung und Instandhaltung
  - Ausgangsfrachtkosten
  - Werbungskosten und Bewirtung
  - Portokosten
  - Telefon und Internet
  - EDV-Kosten
  - Bürobedarf
  - Zeitschriften und Bücher
  - Reisekosten
  - Buchführung und Steuerberatung
  - Rechts- und Beratungskosten, Notar
  - Kontoführungsgebühren
  - Lizensgebühren und Patente
  - Beiträge und Gebühren
  - Gewerbeanmeldung
- Finanzierung und Finanzierungskosten
  - Tilgung Langfristige Darlehen
  - Tilgung Kurzfristige Kredite
  - Zinsaufwendungen
- Produktionskosten
  - Materialien
  - Zollgebühren

- Arbeitskleidung
- Entwicklungskosten
- Designkosten
- Verpackungen und Versand
- Anschaffungskosten
  - Maschinen
  - EDV, Drucker, Tablets, etc.
  - Zeiterfassungsuhr
  - Büroeinrichtung
  - Sanitäre Einrichtung
  - Fuhrpark
  - Büromaterialien, weitere Verbrauchsmaterialien
  - Videoausrüstung
  - Software
  - Alarmanlage
  - Werkzeuge
  - Teeküche
- Abschreibungen
- Marketing
  - Beschilderung
  - Drucksachen
  - Social Media
  - Website
  - Landingpage
  - Werbevideos
  - Entwicklung CI, Logo, etc.
  - Gewinnspiele
  - Rabattaktionen
- Steuern
  - Einkommenssteuer

- o KfZ-Steuer
- o Umsatzsteuer / Vorsteuer
- o Gewerbesteuer
- o Körperschaftssteuer
- o Kapitalertragssteuer / Abgeltungssteuer
- o Spekulationssteuer
- o Grunderwerbssteuer
- o Teileinkünfteverfahren

Einnahmen

Deine Produktpyramide hast du bereits aufgebaut.
Hast du deine Preise auch schon kalkuliert?
Wie viel von deinen Produkten musst du verkaufen, damit deine Kosten gedeckt sind?

Das Minimum-Ziel deines Unternehmens sollte es sein, deine Kosten zu decken. Besser noch, einen Gewinn zu erwirtschaften.

Um nun errechnen zu können, wann du deine Kosten gedeckt hast, und somit deine Preise überprüfen zu können, musst du den „Break-even-Point" (Gewinnschwelle) berechnen. Kurz: BEP.

Der BEP zeigt dir genau die Verkaufsmenge an, bei der deine Kosten gedeckt sind und dein Unternehmen somit gerade überleben kann.

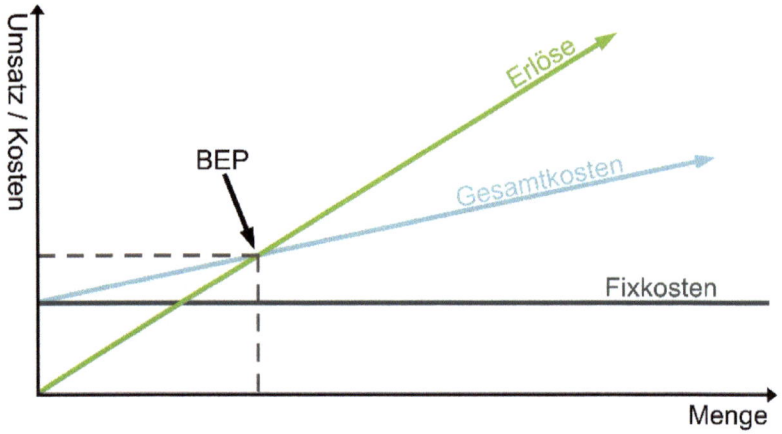

Für diese Berechnung benötigst du 3 Faktoren:
- der Preis
- die Fixkosten (ohne Steuern)
- die variablen Kosten (ohne Steuern)

Hier gebe ich dir noch einmal die Erläuterung für die Einteilung deiner Geschäftskosten, inklusive Beispiele.
- Einmalige Kosten
  o Meistens Anschaffungskosten oder Nachzahlungen. z.B.:
    ▪ Ein neues Auto für den Fuhrpark
    ▪ EDV-Anlage
    ▪ Alarmanlage
- Fixe Kosten
  o Gleichbleibende Summe in einem stabilen Rhythmus. z.B.:
    ▪ Monatliche Miete
    ▪ Jährlicher Versicherungsbeitrag
    ▪ Monatliche feste Gehälter

- Variable Kosten
  - o Kosten, die stets unterschiedlich sind und vom Verbrauch abhängen. z.B.:
    - Material für die Produktion
    - Strom für die Produktionsmaschinen
    - Büromaterialien
    - Löhne für Mini- oder Midijobs

Um den BEP berechnen zu können, musst du nun:
im ersten Schritt alle deine Fixkosten für eine Periode (z.B. für einen Monat) zusammenrechnen.
z.B.

Monatliche Miete	=	1.500,00 €
Monatliche Gehälter	=	8.000,00 €
Jährliche Versicherung = 600,- € / 12 Monate =		50,00 €
Monatliche Fixkosten (K_f)	=	9.550,00 €

Im zweiten Schritt musst du nun berechnen, wie hoch deine variablen Kosten je produziertem Stück sind.
z.B.

Materialkosten für 1.000 Stück	=	350,00 €
Strom für die Produktion von 1.000 Stück	=	30,00 €
Verpackungsmaterial für 1.000 Stück	=	20,00 €
Produktionskosten für 1.000 Stück	=	400,00 €
Produktionskosten für 1 Stück (k_v)	=	0,40 €

Als dritten Schritt setzt du den Preis fest. Dieser muss definitiv über dem kv (variabler Einzelkostenpreis) liegen, da du dein Produkt sonst gar nicht produzieren kannst.

Sagen wir für die Berechnung einfach:
der Preis je Stück (p) liegt bei   =   150,00 €

Ich versuche es mal vereinfacht darzustellen.

Break-even-Point (Kurzfassung)

Solltest du jemand sein, der für die Berechnung einfach nur die Formel haben will, dann erhältst du hier die Kurzfassung.

Die Formel für den BEP lautet:

$$x = \frac{Kf}{(p - kv)}$$

In unserem Beispiel sieht dies mit den eingesetzten Summen dann so aus:

$$x = \frac{9.550}{(150 - 0,40)}$$

also:

$$x = \frac{9.550}{149,60}$$

also:

$$x = 63,83689\ldots$$

Da wir natürlich nur ganze Stückzahlen verkaufen können, runden wir die Zahl auf eine ganze Zahl auf und erhalten als Ergebnis, dass wir, um weder einen Gewinn, noch einen Verlust zu machen, 64 Stück zu je 150,- € im Monat verkaufen müssen.

Break-even-Point (Herleitung)

Der BEP ist die Absatzmenge, bei der Gewinn und Verlust = 0 sind. Also die Erlöse abzüglich der Kosten = 0 ergeben.
Als Formel sieht das so aus:
$G = E - K$

Um die Erlöse (E) errechnen zu können, müssen wir den Einzelpreis mal der zu verkaufenden Stückzahl rechnen. (Die Stückzahl kennen wir aber noch nicht)
Als Formel sieht das so aus:
$E = p * x$

Die Kosten (K) setzen sich jetzt aus den Fixkosten und den variablen Kosten zusammen.
$K = Kf + kv * x$
Hier ist DRINGEND! die Punkt vor Strichrechnung zu beachten!

Wenn wir jetzt die Formeln zusammensetzen, dann sieht das wie folgt aus:
$G = (p * x) - (Kf + kv * x)$

Da wir jedoch nicht den Gewinn (G) berechnen wollen, der liegt ja bei 0,- € (so wie der Verlust), sondern die Menge (x) berechnen wollen, müssen wir die Formel auf x umstellen.

Umgestellt sieht die Formel nun wie folgt aus:
$$x = \frac{Kf}{(p - kv)}$$

Break-even-Point (Analyse)

Was sagen mir die Zahlen denn jetzt alles?

Ich bleibe bei unserem Beispiel und gehe konkret auf die Zahlen ein:

Wenn wir 1.000 Stück im Monat produzieren, kostet mich die Produktion je Stück 0,40 € (nur die variablen Kosten).
Meine fixen monatlichen Kosten belaufen sich auf 9.550,00 €
Wenn ich einen Preis von 150,00 € das Stück aufrufe, muss ich 64 Stück im Monat verkaufen, damit meine gesamten Kosten gedeckt sind.
Jedes weitere Stück, welches ich verkaufe, liegt dann in der Gewinnzone.

Wenn du also damit rechnest, dass du jeden Monat 1.000 Stück nicht nur produzieren, sondern auch zu 150,00 € das Stück verkaufen kannst, dann hast du einen <u>vorläufigen Gewinn</u> von:

Umsatz:	1.000 Stück * 150,00 €
- Kosten:	1.000 Stück * 0,40 € + 9.550,00 €
= vorl. Gewinn:	

Umsatz:	150.000,00 €
- Kosten:	9.950,00 €
= vorl. Gewinn:	<u>140.050,00 €</u>

Von dem vorläufigen Gewinn gehen jedoch noch die verschiedenen Steuern etc. ab.

Preiskalkulation

Aber passt mein Preis überhaupt? Oder bin ich viel zu teuer? Oder zu billig? Wieviel Rabatte kann ich geben, ohne dass ich Verlust mache?

Vorab solltest du dich immer erstmal an deinen Konkurrenten orientieren. Wieviel rufen die auf?
Aber das dient wirklich nur zur Orientierung. Denn schließlich willst du dich von ihnen mit deiner Qualität abheben.

Und natürlich muss dein Preis deine Kosten decken. Solltest du wirklich noch Rabatte geben wollen, dann müssen die vorab ebenfalls mit eingerechnet werden.

Den Preis rechnest du wie folgt aus:

Selbstkosten
+ Gewinn
=Barverkaufspreis
+ Kundenskonto
− Zielverkaufspreis
+ Kundenrabatt
= VK netto
+ Umsatzsteuer
= VK brutto

Am besten berechnen wir ein Beispiel:

Selbstkosten		**50,00 €**
+ Gewinn	**80 %**	**40,00 €**
= Barverkaufspreis		**90,00 €**
+ Kundenskonto		
= Zielverkaufspreis		
+ Kundenrabatt		
= VK netto		
+ Umsatzsteuer		
= VK brutto		

Bis hierher ist es recht einfach zu rechnen. Mit dem Dreisatz berechnen wir 80% von 50,00 € und bilden dann daraus eine Summe. Also:

$$x = \frac{50,00 * 80}{100} = 40,00 €$$

$$50,00 € + 40,00 € = 90,00 €$$

Sowohl beim Gewinn, als auch bei der Umsatzsteuer, rechnen wir **vorwärts.**

Bei der Skonto- und Rabattberechnung wird es tricky, denn hier müssen wir **rückwärts** rechnen. Zur Erklärung:

Nehmen wir an, wir wollen 90,00 € verdienen und 10% Skonto gewähren.

Wenn wir jetzt einfach nur 10% aufschlagen würden, also vorwärts rechnen würden, sähe unsere Rechnung wie folgt aus:

90,00 € + 10% =

$$x = \frac{90,00 * 10}{100} = 9,00 €$$

90,00 € + 9,00 € = 99,00 €

Somit kämen wir auf 99,00 €.

Diese Rechenweise ist aber falsch, da der Kunde nämlich rückwärts rechnet. Bei ihm sieht die Rechnung so aus:

99,00 € - 10% =

$$x = \frac{99,00 * 10}{100} = 9,90 €$$

99,00 € - 9,90 € = 89,10 €

In diesem Beispiel haben wir dann 0,90 € Verlust. Und Kleinvieh macht auch Mist. Also nimm das nicht auf die leichte Schulter.

Wie sieht die Rechnung also richtig aus?

Um den Skonto richtig berechnen zu können, müssen wir den Zielverkaufspreis auf 100% setzen. Somit ergibt sich, dass unser

Barverkaufspreis, wenn wir 10% Skonto geben wollen, nur noch 90% beträgt.

Von diesem Ausgangspunkt heraus berechnen wir nun wie folgt:

$$x = \frac{90{,}00 \ € * 10}{90}$$

$$x = \frac{900{,}00 \ €}{90} = 10{,}00 \ €$$

90,00 € + 10,00 € = 100,00 €

Das bedeutet also, dass der Zielverkaufspreis nun 100,00 € und der abziehbare Skonto 10,00 € beträgt. In unserer Tabelle sind wir nun also auf folgendem Stand:

Selbstkosten		50,00 €
+ Gewinn	80 %	40,00 €
=Barverkaufspreis		**90,00 €**
+ Kundenskonto	**10 %**	**10,00 €**
= Zielverkaufspreis		**100,00 €**
+ Kundenrabatt		
= VK netto		
+ Umsatzsteuer		
= VK brutto		

Den Rabatt berechnen wir genau wie den Skonto. Also in diesem Fall den VK netto auf 100% setzen. Und bei einem weiteren Rabatt von 20% beträgt der Zielverkaufspreis nur noch 80%.

$$x = \frac{100,00\ \text{€} * 20}{80}$$

$$x = \frac{2.000,00\ \text{€}}{80} = 25,00\ \text{€}$$

$$100,00\ \text{€} + 25,00\ \text{€} = 125,00\ \text{€}$$

In unserer Tabelle eingetragen sieht es nun so aus:

Selbstkosten		50,00 €
+ Gewinn	80 %	40,00 €
=Barverkaufspreis		**90,00 €**
+ Kundenskonto	**10 %**	**10,00 €**
= Zielverkaufspreis		**100,00 €**
+ Kundenrabatt	**20 %**	**25,00 €**
= VK netto		**125,00 €**
+ Umsatzsteuer		
= VK brutto		

Jetzt fehlt nur noch die Umsatzsteuer. Diese wird, wie vorhin schon erwähnt, wieder vorwärts gerechnet. Also die 125,00 € sind 100% und wir rechnen wie folgt:

$$x = \frac{125,00 * 19}{100} = 23,75\ \text{€}$$

$$125,00 + 23,75\ \text{€} = 148,75\ \text{€}$$

Selbstkosten		**50,00 €**
+ Gewinn	**80 %**	**40,00 €**
=Barverkaufspreis		**90,00 €**
+ Kundenskonto	10 %	10,00 €
= Zielverkaufspreis		100,00 €
+ Kundenrabatt	20 %	25,00 €
= VK netto		125,00 €
+ Umsatzsteuer	**19 %**	**23,75 €**
= VK brutto		**148,75 €**

Unser endgültiger Preis beträgt somit 148,75 €.

Skonto und Rabatt

Wo liegt denn eigentlich der Unterschied zwischen Skonto und Rabatt?

Rabatt ist ein Preisnachlass, dem der Käufer unter gewissen Bedingungen gewährt wird.
z.B. Messerabatt, SSV-Rabatt, Stammkundenrabatt, etc.

Skonto ist ein Preisnachlass, der zeitlich begrenzt ist. Er soll dazu dienen, dass der Käufer die Rechnung so schnell wie möglich bezahlt.
z.B. Zahlung innerhalb von 5 Tagen = 5% Skonto, sonst voller Betrag.

Auf der Rechnung würde es z.B. wie folgt aussehen:

Menge	Artikel	Einzelpreis	Gesamtpreis
2	Drucker	199,00 €	398,00 €
1	Mouse	29,00 €	29,00 €
2	Druckerpatronen	19,00 €	38,00 €
1	Tastatur	35,00 €	35,00 €
Gesamtpreis netto			500,00 €
./. Neukundenrabatt (von netto)		20%	100,00 €
Rechnungsbetrag netto			400,00 €
zzgl. MwSt.		19 %	76,00 €
Rechnungsbetrag brutto			**476,00 €**

Bei einer Zahlung innerhalb von 3 Tagen nach Lieferung gewähren wir 5% Skonto auf den Netto-Rechnungsbetrag.

Rechnungsbetrag netto			400,00 €
./. 5% Skonto (von netto)		5%	20,00 €
Skontierter Betrag netto			380,00 €
zzgl. MwSt.		19 %	72,20 €
Rechnungsbetrag brutto			**452,20 €**

Da es heutzutage wahnsinnig schnell geht eine Rechnung eben über das Internet zu überweisen, wird der Skonto kaum noch angeboten. Zudem wird meist eh per Lastschrift eingezogen. Es empfiehlt sich sowieso das Zahlungsziel „Zahlung zu sofort" auf der Rechnung zu vermerken.

Der Rabatt genügt somit eigentlich vollkommen. Außer …
…, es handelt sich um enorme Summen. Da wäre ein Skonto strategisch sogar sehr sinnvoll.

Rentabilitätsvorschau und Liquiditätsplanung

Eigentlich dürfte es jedem klar sein, dass für eine gute Finanzplanung eine Tabelle her muss, welche sowohl die Einnahmen, als auch die Ausnahmen erfasst und gegeneinander stellt.

Schließlich will und muss man ja wissen, ob man mit dem Geschäft einen Gewinn oder einen Verlust erwirtschaftete.

Hier gibt es nun zwei Tabellen, welche dafür eingesetzt werden, welche sich sehr ähnlich sind.

Liquiditätsplanung

Liquidus kommt aus dem Lateinischen und bedeutet „flüssig".

Die Liquidität zeigt deinen Geldfluss an. Bist du noch „flüssig" und kannst du deine Rechnungen bezahlen?

Deine Liquiditätsplanung kannst du wie den Kontoauszug deiner Zukunft ansehen. Wann bezahlst du welche Rechnung? Wann erhältst du neues Geld, weil jemand eine Rechnung von dir bezahlt?

Der Liquiditätsplan umfasst die kommenden 3 Jahre.
Er ist nicht nur wichtig, damit deine Bank dir eventuell einen Kredit für die Gründung gewährt.
Sondern auch dafür, dass du erkennen kannst, ob du mit deinem Geschäft wirklich Erfolg haben wirst. Was, wenn du plötzlich nicht mehr flüssig sein solltest?

Mit dem Liquiditätsplan kannst du im Vorfeld erahnen, wann es eng wird und du eher sparen solltest. Aber auch, wann du genügend Finanzmittel zur Verfügung stehen hast, um neue Investitionen zu tätigen.
Das ist auch ein wichtiger Punkt für deine Steuerstrategie. Denn jede geschäftliche Investition mindert deine Steuerlast.

Da der Liquiditätsplan die realistischen Zahlungsein- und ausgänge widerspiegeln soll, solltest du auch mit verspäteten Zahlungen rechnen. Am besten rechnest du damit, dass deine Kunden die Rechnungen erst in 30 bis 90 Tagen begleichen.
Es sei denn, du arbeitest grundsätzlich nur mit Vorkasse.

Ich gebe dir natürlich auch hier ein Beispiel für den Liquiditätsplan. Bei den Ausgaben listest du sämtliche Kosten auf, die du haben wirst. Da ich dir dafür bereits eine Hilfestellung gegeben habe, kürze ich die Ausgabenaufzählung auf ein Beispiel zusammen.

	Januar 2024	Februar 2024
Anfangsbestand		
+ *Einnahmen*		
Bareinzahlungen		
Einkünfte aus Warenverkauf		
Umsatzsteuererstattung		
Erträge aus Anlageverkauf		
Kreditmittelzufluss		
Steuererstattungen		
Privateinlagen		
= liquide Mittel		
- *Auszahlungen*		
Personalkosten		
Miete		
Haftpflichtversicherung		
Vorsteuer		
Werbekosten		
Privatentnahmen		
… etc.		
= Endbestand		

Der Endbestand eines Monats ist natürlich direkt wieder der Anfangsbestand des nächsten Monats.

Bitte bedenke bei deiner Umsatzplanung, dass diese realistisch sein muss. Es nutzt nichts, dir die Zahlen aufzuhübschen und später verdienst du doch nicht genug, um zu überleben.
Denke auch an saisonale Schwankungen.

Schreibe deine Rechnungen auch immer sofort und warte nicht damit bis zum Monatsende. Das verzögert deine Einnahmen nur unnötig und deine Liquidität könnte in Gefahr geraten.
Außerdem sehen Banken das auch gar nicht gerne.

Rentabilitätsvorschau

Während die Liquiditätsplanung deinen realistischen Geldfluss anzeigt, dient die Rentabilitätsvorschau dazu herauszufinden, ob dein Geschäft auch wirklich rentabel ist.
Also, ob dein Geschäft früher oder später Gewinne abwirft.

Jetzt könnte man sich fragen, ob man das in der Liquiditätsplanung nicht bereits sehen kann?
Leider nicht ganz.

Denn in der Liquiditätsplanung tauchen auch Kredite, Privateinlagen, etc. auf.
Diese verfälschen das Ergebnis des Unternehmens, da diese von deinem Geschäft nicht erwirtschaftet worden sind.

Außerdem werden Anschaffungen, wie zum Beispiel eine neue Produktionsmaschine, in der Liquiditätsplanung mit den Zahlungen (evtl. Ratenzahlungen?) erfasst.
In der Rentabilitätsvorschau wird jedoch der Wert der Produktionsmaschine aufgeführt. Und wie man (besonders an dem Beispiel eines Autos) weiß, verliert ein Gegenstand mit der Zeit an Wert, auch, wenn er noch lange funktionstüchtig ist.
In der Buchhaltung wird dieser Wertverlust durch Abschreibungen festgehalten.

Somit werden in der Rentabilitätsvorschau also nicht die Zahlungen, sondern die Abschreibungen erfasst.

Abschreibungen ist ein gesondertes Thema und sollte im jeweiligen Fall mit dem Steuerberater besprochen werden. Er weiß genau, wie lange man welchen Gegenstand abschreiben kann. Hierfür gibt es, neben zwei verschiedenen Abschreibungsmethoden und Sonderabschreibungen, eine eigene Abschreibungstabelle, in der man nachsehen kann.

Auch die Rentabilitätsvorschau wird für 3 Jahre geschrieben und auch hier werden wieder sämtliche Kosten mit aufgeführt.

	Januar 2024	Februar 2024
Erwartete Umsätze (netto)		
+ / - Bestandsänderungen		
+ sonstige betriebliche Erträge		
= operative Gesamtleistung		
- Materialaufwand		
- Fremdleistungen		
= Rohertrag I		
- *Personalaufwand, davon*		
Löhne, Gehälter		
Sozialaufwendunge		
= Rohertrag II		
- *Kosten*		
Miete		
Haftpflichtversicherung		
Werbekosten		
… etc.		
= Betriebsergebnis vor Steuern & Zinsen		
- Zinsenaufwendungen		
+ Zinserträge		
- Gewerbesteuer		
- Körperschaftssteuer		
- Einkommenssteuer		
- sonstige Steuern		
Gewinn / Verlust		
Jahresgewinn		

Noch mehr Kalkulationen?

Die bereits genannten Kalkulationen sind mit die Wichtigsten, die du brauchst.

Selbstverständlich ich die ==**Umsatzplanung**== genauso wichtig. Du hast deinen Preis? Du weißt, wie viel du mindestens verkaufen musst? Dann plane jetzt realistisch ein, wieviel du wann wirklich verkaufen kannst.
Denk daran, du kannst auch nur so viel verkaufen, wie du produzieren kannst.

Falls du eine Beispieltabelle für die Umsatzplanung benötigst, gebe ich sie dir gerne.

	Anzahl	Einzelpreis	Gesamtumsatz
Januar 2024			
Februar 2024			
März 2024			

Natürlich musst du vor der Gründung auch wissen, welche **Gründungskosten** wirklich auf dich zukommen. Du brauchst also einen ==**Kapitalbedarfsplan**==.
Wenn deine Gründung zum Beispiel ein halbes Jahr in Anspruch nimmt, musst du auch deine privaten Kosten in dieser Zeit abgedeckt haben. Vielleicht sogar noch 2-3 Monate länger.

Wenn du innerhalb der ersten 3 Jahre auch eine betriebliche Vergrößerung geplant hast, dann ist es auch wichtig, einen ==**Investitionsplan**== zu erstellen.

Um nachzuhalten, womit du was finanzierst, kannst du dir auch einen **Finanzierungsplan** aufstellen.

Wenn du mehrere Produkte produzierst, ist es sinnvoll und wichtig die genauen **Produktionskosten** zu berechnen.

Es kommt jetzt auch darauf an, was für Zahlen du brauchst. Willst du wissen, was dich die Produktion selbst kostet (Wertuntergrenze)?
Oder willst du auch die indirekten Kosten (z.B. Druckerpapier, Website, etc.) deines Unternehmens auf deine Produkte rechnen (Wertobergrenze)?

Hierzu nimmst du am besten deine Kostenauflistung zur Hand und vermerkst die Art der Kosten, um es später berechnen zu können:

- Materialeinzelkosten (z.B. Schrauben, Mehl, Silber)
- Materialgemeinkosten (z.B. Lieferkosten)
- Fertigungseinzelkosten (z.B. Gehalt des produzierenden Mitarbeiters)
- Fertigungsgemeinkosten (z.B. Miete für die Produktionshalle, Abschreibungen auf die Maschinen, etc.)
- Fertigungssondereinzelkosten / produktionsbezogene Verwaltungskosten (z.B. Lizenzen und Patente)
- Allgemeine Verwaltungskosten (z.B. Gehalt Büromitarbeiter, Druckerpapier, Bürostuhl, etc.)

Um nun berechnen zu können, was dich ein Stück deines Produktes in der Fertigung kostet, rechnest du sämtliche Kosten entweder auf das eine Stück runter, oder auf die benötigte Zeit, die die

Produktion dieses Stücks benötigt. z.B. 30 Minuten Gehalt von dem Produktionsmitarbeiter, 10 Schrauben, 3 Dübel und 1,234 m² MDF-Platte.

Kosten, wie z.B. die Lieferkosten von deinem Lieferanten, Miete, etc., kannst du am besten prozentual auf deine Produkte aufteilen.

Materialeinzelkosten
+ Materialgemeinkosten
+ Fertigungseinzelkosten
+ Fertigungsgemeinkosten
+ Fertigungssondereinzelkosten
= Herstellkosten = Wertuntergrenze
+ Allgemeine Verwaltungskosten
= Herstellungskosten = Wertobergrenze

Personalkosten sind schwierig zu kalkulieren. Grob über den Daumen geschätzt kann man sagen, dass dich ein Mitarbeiter etwas weniger kostet, als das Doppelte seines Nettolohns.

Hier empfehle ich folgende Website für die grobe Planung. Selbstverständlich benötigst du gerade für die Personalkosten unbedingt einen Steuerberater, sofern du selbst nicht darin ausgebildet bist.

https://www.nettolohn.de/rechner/gehaltsrechner-fuer-arbeitgeber.html

Um dir einen kleinen Überblick zu geben, liste ich kurz das Beispiel auf, für einen Mitarbeiter, welcher 1.500,00 € netto verdienen soll. (Voraussetzung: keine Kinder, NRW, Kirchensteuer, Steuerklasse I, 2023)

Brutto-Gehalt	2.082,87 €
./. Arbeitnehmeranteile für	
Rentenversicherung	193,71 €
Arbeitslosenversicherung	27,08 €
Pflegeversicherung	39,05 €
Krankenversicherung	168,71 €
./. Steuern	
Lohnsteuer	141,58 €
Solidaritätszuschlag	0,00 €
Kirchensteuer	154,32 €
Auszahlung netto	**1.500,00 €**

Brutto-Gehalt	2.082,87 €
zzgl. Arbeitgeberanteile für	
Rentenversicherung	193,71 €
Arbeitslosenversicherung	27,08 €
Pflegeversicherung	31,76 €
Krankenversicherung	168,71 €
zzgl. Umlagen	
U1	68,73 €
U2	6,87 €
U3	1,24 €
BG	16,66 €
Kostenfaktor Arbeitgeber	**2.597,63 €**

Die Zahlen ändern sich natürlich, wenn sich die Voraussetzungen ändern. Und auch die Steuergesetze ändern sich regelmäßig. Darum ist ein Steuerberater unabdingbar.

Die **Gewinn- und Verlustrechnung (GuV)** ähnelt sehr der Rentabilitätsvorschau und dem Liquiditätsplan. Nur dass die GuV ein Tatsachenbericht ist, welcher erstellt wird, wenn das Geschäftsjahr abgeschlossen wird. Genau wie die **Bilanz**.

Beides sind Berichte, welche nur von Kapitalgesellschaften erstellt werden müssen.

Das Kapitel **Steuern** ist unglaublich umfassend. In einem anderen Buch werde ich die verschiedenen Rechtsformen, den Unterschied zwischen Kapital- und Personengesellschaften, und die dazu gehörigen Steuern beschreiben, bzw. anreißen.

Aber auch hier wieder der ganz klare Hinweis, dass nur ein Steuerberater hier wirklich die beste Steuerstrategie für dich herausholen kann.

4. Umsetzung

Perfekt! Die Planung ist durch!

Wenn dir sämtliche Kalkulationen grünes Licht geben, dann kannst du jetzt anfangen deine Planung umzusetzen.

Du hast dir selbst den roten Faden gespannt und kannst dich locker daran entlang hangeln. Deinem zukünftigen Unternehmen steht jetzt nichts mehr im Wege (sofern auch die Finanzierung geklärt ist).

Allerdings solltest du auch jetzt schon wieder vorausschauend denken und handeln.

Alles, was du jetzt aufbaust sollte so aufgebaut werden, dass deine späteren Angestellten die Aufgaben auch genauso ausführen, wie du es willst.

Das bedeutet, dass du direkt von Anfang an Strukturen in Form von Vorlagen (z.B. für Rechnungen), Leitfäden (z.B. für Verkaufsgespräche) und SOP´s (z.B. wie schneide ich ein Video) aufbaust.
Jede Minute, die du jetzt für diese Dinge opferst, spart dir später Stunden deiner wertvollen Zeit und vermeidet teure Fehler.

Epilog

Wow!

Das war geballter Input und viele Hausaufgaben. Und natürlich geht es jetzt erst richtig los!

Was ist nun mit den Steuern und den Rechtsformen? Wie und wo verkaufe ich? Wie baue ich mein Marketing sinnvoll auf? Was ist E-Mail-Marketing? Und muss ich das alles alleine machen?

Wie du bereits gelesen hast biete ich regelmäßige Kurse an, in denen man sich einschreiben kann.
Diese Kurse dienen zur gemeinsamen Ausarbeitung deines Unternehmens!

Denn mal ehrlich: ist es nicht viel leichter die Disziplin des täglichen Arbeitens aufrecht zu erhalten, wenn man sich in der Gruppe trifft?
https://flackesolutions.wixsite.com/flacke-solutions

Melanie Flacke